essentials

Springer Essentials sind innovative Bücher, die das Wissen von Springer DE in kompaktester Form anhand kleiner, komprimierter Wissensbausteine zur Darstellung bringen. Damit sind sie besonders für die Nutzung auf modernen Tablet-PCs und eBook-Readern geeignet. In der Reihe erscheinen sowohl Originalarbeiten wie auch aktualisierte und hinsichtlich der Textmenge genauestens konzentrierte Bearbeitungen von Texten, die in maßgeblichen, allerdings auch wesentlich umfangreicheren Werken des Springer Verlags an anderer Stelle erscheinen. Die Leser bekommen „self-contained knowledge" in destillierter Form: Die Essenz dessen, worauf es als „State-of-the-Art" in der Praxis und/oder aktueller Fachdiskussion ankommt.

Jutta Röser · Corinna Peil

Internetnutzung im häuslichen Alltag

Räumliche Arrangements zwischen Fragmentierung und Gemeinschaft

Jutta Röser
Institut für Kommunikationswissenschaft
WWU Münster
Münster
Deutschland

Corinna Peil
ICT&S Center
Universität Salzburg
Salzburg
Österreich

ISSN 2197-6708
ISBN 978-3-658-04729-0
DOI 10.1007/978-3-658-04730-6

ISSN 2197-6716 (electronic)
ISBN 978-3-658-04730-6 (eBook)

Die Deutsche Nationalbibliothek verzeichnet diese Publikation in der Deutschen National-
bibliografie; detaillierte bibliografische Daten sind im Internet über http://dnb.d-nb.de ab-
rufbar.

Vorwort

Der Beitrag ist 2010 im Band „Alltag in den Medien – Medien im Alltag", herausgegeben von Jutta Röser, Tanja Thomas und Corinna Peil, im Verlag Springer VS erschienen. Die Edition trägt Forschungsarbeiten zusammen, die Medienkommunikation explizit im Kontext von Alltag perspektivieren. Eine solche alltagsbezogene Medienforschung ist in der Kommunikationswissenschaft viele Jahrzehnte lang eher randständig geblieben. Insbesondere durch die wachsende Bedeutung digitaler Medien und ihrer Kommunikationsdienste ist inzwischen stärker in den Blick gerückt, dass Alltagskontexte von zentraler Bedeutung sind, um Medienkommunikation angemessen zu verstehen. Im Hinblick auf die Systematisierung und theoretische Reflexion dieses Zugangs steht die deutsche Kommunikationswissenschaft aber noch am Anfang. Hierzu sollen die Beiträge des Sammelbandes Impulse geben. Im ersten Teil des Bandes werden unter der Überschrift *Alltag in den Medien* Beiträge vorgestellt, die sich auf Konstruktionen von Alltag *in* Medienangeboten konzentrieren, so etwa im Genre Reality TV oder in journalistischen Texten. Im zweiten Teil des Bandes unter dem Titel *Medien im Alltag* geht es um Medienaneignung in Alltagskontexten. Nutzungsweisen von Print-, Online- und anderen Medien werden im Hinblick auf ihre Verflechtungen mit alltäglichen Praktiken, Routinen und Strukturen näher beleuchtet. In diesen Themenkontext der alltäglichen Medienaneignung gehört auch der hier veröffentlichte, überarbeitete und ergänzte Aufsatz über häusliche Raumarrangements mit dem Internet.

Münster und Salzburg
im November 2013

Jutta Röser
Corinna Peil

Inhaltsverzeichnis

Einleitung

Unser Beitrag analysiert Umgangsweisen mit dem Internet im häuslichen Alltag. Grundsätzlich möchten wir zeigen, wie Praktiken der Internetnutzung, räumliche Arrangements und häusliche Kommunikationsstrukturen interagieren. Speziell nehmen wir ein neues Spannungsfeld in den Blick: Im Zuge der fortschreitenden Integration des Internets in den häuslichen Alltag und in Verbindung mit der bislang in Deutschland üblichen Platzierung von Computer und Internet entfaltet das Medium eine fragmentierende Wirkung und stört die Kommunikation und Interaktion in der Paarbeziehung. Manche Paare reagieren darauf mit neuen Arrangements, die wiederum häusliche Alltagskulturen und auch die Funktionen anderer Medien, insbesondere die des Fernsehens, verändern.

Unter Medienaneignung im Kontext von Alltag verstehen wir bezogen auf unser Thema das Zusammenspiel von medialem und nicht-medialem Handeln. Mediennutzung im engeren Sinn – fernsehen, im Internet surfen, Zeitung lesen – ist eingebettet in situative und kommunikative Kontexte, wie in Bezug auf den häuslichen Kontext als einer der ersten Hermann Bausinger (1983) veranschaulicht hat. Was die Nutzung eines Mediums konkret bedeutet, erschließt sich nicht allein auf der symbolischen Ebene, sondern immer auch auf der Ebene des situativen Handelns. So kann beispielsweise das Einschalten des Fernsehgeräts die Hinwendung zu einer bestimmten Sendung ebenso wie die Abwendung von einer Arbeitsaufgabe oder den Rückzug aus einer Gesprächssituation zum Ausdruck bringen. Die Mikropolitiken des häuslichen Alltags sind verbunden mit übergreifenden Diskursen, etwa um Geschlecht, Erziehung oder Technologien, die damit auch in das Medienhandeln eingeschrieben sein können (vgl. Morley 1999b; Silverstone 2006, S. 233). Diese Interaktionen von medialem und nicht-medialem Handeln wurden im Rahmen der ethnografisch orientierten Fernsehforschung sowie später des Domestizierungskonzepts der britischen Cultural Media Studies (vgl. Röser 2007a) vertiefend analysiert, eine größere Aufmerksamkeit erfahren sie seit Kurzem auch innerhalb

J. Röser, C. Peil, *Internetnutzung im häuslichen Alltag,* essentials,
DOI 10.1007/978-3-658-04730-6_1, © Springer Fachmedien Wiesbaden 2014

des Mediatisierungsansatzes (vgl. Krotz 2007). Bevor wir auf diese für unser Projekt zentrale Perspektive auf Medienhandeln im Alltag näher eingehen und anschließend die empirischen Befunde präsentieren, möchten wir einige systematisierende Anmerkungen über *Alltag* in der Rezeptionsforschung vorausschicken.

Alltag in der Medienaneignungsforschung

2

Was für die Medien- und Kommunikationsforschung insgesamt gilt, trifft auch auf die Rezeptionsforschung zu: Der Begriff des Alltags wird oft intuitiv und mit vielfältigen impliziten Bedeutungen versehen verwandt (vgl. Röser et al. 2010). Grundsätzlich lassen sich *zwei Felder der Medienaneignungsforschung* analytisch unterscheiden, in denen ein Bezug zum Alltag jeweils Unterschiedliches meint. Im ersten Feld geht es um die Rekonstruktion innerer Prozesse der Medienaneignung, also der Deutungen der Medientexte durch die Rezipierenden. Im zweiten Feld geht es um die Rekonstruktion von Situationen des Medienhandelns, um die raum-zeitlichen sowie sozialen Konstellationen als Kontext der Mediennutzung. David Morley (2007, S. 52) hat die beiden Felder in Bezug auf das Fernsehen schlagwortartig mit den Begriffen „questions of ideology and power" und „questions of ritual" unterschieden und an anderer Stelle vom „decoding" gegenüber dem „viewing context" gesprochen (Morley 1992, S. 133).[1] Auf beiden Feldern haben insbesondere die britischen Cultural Studies die Frage nach Alltagsbezügen je spezifisch gestellt und ausgearbeitet.

Medienaneignung als innerer Prozess des Dekodierens, das erste Feld, steht in den Cultural Studies in einem Zusammenhang mit *Alltagserfahrungen*. Medienbedeutungen werden nicht einfach übernommen, sondern im Kontext von Alltagserfahrungen, die an die Medientexte herangetragen werden, verhandelt und produktiv angeeignet. John Fiske hat die Potenziale gerade der Populärkultur für eine produktive Aneignung herausgearbeitet (vgl. Mikos 2009) und den Begriff der Relevanz im Kontext von Alltagserfahrungen zentral gemacht:

---

[1] Ben Bachmair (2005, S. 105) spricht von der subjektiven Innenwelt einerseits und den sozialen Räumen andererseits als Bezugspunkte der Rezeption; demnach „bieten Medien neben Fantasie-Räumen der subjektiven Innen-Welt auch soziale Räume, die z. B. durch die gemeinsamen Medien-Bilder entstehen".

J. Röser, C. Peil, *Internetnutzung im häuslichen Alltag*, essentials,
DOI 10.1007/978-3-658-04730-6_2, © Springer Fachmedien Wiesbaden 2014

> Popular culture is made at the interface between the cultural resources provided by capitalism and everyday life. This identifies relevance as a central criterion. If the cultural resource does not offer points of pertinence through which the experience of everyday life can be made resonate with it, then it will not be popular. (Fiske 1989, S. 129)

Populär können demnach nur solche Medieninhalte werden, in denen Rezipierende Bezüge zu ihren sozialen, alltagseingebundenen Erfahrungen identifizieren und denen sie deshalb Relevanz und Bedeutsamkeit zuerkennen. Relevanz ist somit eine Rezeptionskategorie: Texte ‚haben' nicht soziale Relevanz, sondern Rezipierende können ihnen Relevanz verleihen, indem sie Texte in Beziehung zu ihren sozialen Erfahrungen und ihrer Sicht von Welt lesen. Sie können Relevanz auch verweigern. Die Verhandlung von Macht- und Dominanzverhältnissen ist für die Cultural Studies dabei ein zentrales Moment der Medienaneignung, weil sowohl die Texte wie auch der Alltag ‚der Leute' (vgl. Fiske) Orte sozialer Auseinandersetzungen sind. ‚Die Leute' können in der Bedeutungsproduktion ihre im Alltag verankerten Interessen gegen dominante Diskurse zur Geltung bringen und die Texte eigensinnig oder gar oppositionell lesen (vgl. Mikos 2009; Winter 2001, S. 163–170). Als prägend für so verstandene Alltagserfahrungen wurden in den Anfängen der Cultural Studies vor allem Klassenpositionen, bald auch Positionierungen qua Geschlecht, Ethnie und Generation analysiert (vgl. Röser 2009). Im Sinne Stuart Halls wird inzwischen flexibler von subkulturellen Positionierungen im Rahmen hybrider und variabler Identifikationen ausgegangen (vgl. Krotz 2009), die in der Aushandlung mit Medientexten zur Geltung gebracht werden. Alltag meint hier somit die Lebenswelt ‚der Leute' und bezieht sich auf deren Perspektive ‚von unten', die (mehr oder weniger) im Spannungsverhältnis zu Machtdiskursen und dominanten Werten in den Medientexten steht.

Medienaneignung als situatives Medienhandeln, das zweite Feld, zielt auf die *raum-zeitlichen und sozialen Konstellationen des Alltags*, in denen Medien genutzt werden. Denn Medienhandeln ist erstens in Routinen und Zeitstrukturen des Alltags eingebunden sowie zweitens in weiten Teilen ein sozialer und kollektiver Prozess. Dies rückt die ethnografisch orientierte Rezeptionsforschung in den Blick, ein besonders im Rahmen der britischen Cultural Media Studies ausgearbeiteter Forschungsansatz, der die Medienrezeption in ihren ‚natürlichen' alltäglichen Kontexten analysiert anstatt künstliche Forschungssettings zu kreieren (vgl. Morley 1999a; auch Bausinger 1983). Einflussreich war hierbei David Morleys Studie „Family Television" (1986). Dabei hatte Morley die für Rezeptionsstudien in künstlichen Forschungssituationen nicht untypische Situation erlebt, dass Probanden sagten, sie würden diese spezielle Sendung im ‚wahren Leben' gar nicht sehen. Es wurden somit teils Aneignungen erhoben, die im Alltag faktisch nicht bestanden, sondern durch die Forschenden künstlich erzeugt wurden. Ausgehend von diesen Überlegungen richtete Morley seine darauf folgende Studie zum Fernsehgebrauch auf den Ort aus, an dem Fernsehen stattfindet: auf den Kontext des Häuslichen und speziell der Familie. Im Ergebnis wurde insbesondere herausgearbeitet, wie Geschlechterpositionen in Bezug auf häusliche Alltagsaufgaben, geschlechtsspezifische Arbeitsteilung und Macht den alltäglichen Umgang mit Fernsehen konstituieren (vgl. Röser 2009). Dieser Fokus auf die Kommunikationspraktiken im Alltag wird hier mit dem Begriff Medienhandeln zum Ausdruck gebracht. In einer ethnografisch orientierten Perspektive geht es darum, die Orte, Situationen und sozialen Konstellationen des Medienhandelns zu analysieren und die Bedeutung dieser Praktiken aus der Sicht der Subjekte zu rekonstruieren. Dabei rückt dann auch in den Blick, wie mediales und nicht-mediales Handeln im Alltag interagieren und mit übergreifenden Strukturen und Diskursen in Verbindung stehen. Für diese Perspektive steht ganz besonders das im nächsten Abschnitt vertiefte Domestizierungskonzept. Dieses Herangehen erweitert die Forschungsperspektiven beträchtlich hin zum „overlapping between research on audiences and wider studies of cultural consumption, technology and everyday life" (Moores 1993, S. 54).

Die beiden skizzierten Felder der Medienaneignungsforschung stehen in Bezug zur „double articulation" von Medien, die Silverstone und Haddon (1996, S. 62) im Rahmen des Domestizierungskonzepts herausgearbeitet haben (vgl. auch Hartmann 2006; Röser 2007a; Silverstone 2006). Das Konzept fokussiert Medien in ihrer doppelten Bedeutung einerseits als Medium und andererseits als Medientechnologie: Als *Medium* sind sie Träger von Bedeutungen, hier wird die symbolische Ebene der Medieninhalte in den Blick genommen, und die Rezeption bezieht sich auf die Nutzung und Aneignung von Inhalten – dies ist die zentrale Perspektive des ersten Felds *Medienaneignung als innerer Prozess des Dekodierens*. Als *Medientechnologie* wird das Gerät selbst und der Umgang mit ihm zum Gegenstand der Analyse, hier geht es um die materielle Ebene, und die Rezeption bezieht sich auf die Nutzung und Aneignung des Objekts – dies ist die zentrale Perspektive des zweiten Felds *Medienaneignung als situatives Medienhandeln*.

Auf beiden Ebenen zugleich entsteht Bedeutung, und zwar durch die Sinnproduktionen der Rezipierenden im Prozess der Aneignung. Mit den hier skizzierten zwei Feldern der Medienaneignungsforschung wird somit analytisch unterschieden, was *faktisch eine Einheit bildet*. Gleichwohl trägt diese Unterscheidung unserer Ansicht nach zu einem tieferen Verständnis bei, weil der Bezug auf *Alltag* auf jedem der Felder etwas je Spezifisches meint – nämlich einerseits die symbolische Verhandlung von Alltagserfahrung und andererseits das raum-zeitlich und sozial geprägte Alltagshandeln – und dies wiederum auf die beiden Medienperspektivierungen im Sinne der Double Articulation Bezug nimmt (Symbolträger und Objekt).[2] Zudem konzentrieren sich die meisten Forschungen eher auf das eine oder das andere Feld. Auch der Domestizierungsansatz beansprucht zwar theoretisch, beide Ebenen gleichermaßen zu berücksichtigen und sowohl die materielle als auch die symbolische Dimension der Medienaneignung zusammenzuführen (vgl. ausführlich zu diesem Spannungsfeld: Livingstone 2007). Die empirische Praxis zeigt jedoch eine Konzentration auf die Ebene des situativen Medienhandelns und eine Vernachlässigung der symbolischen Ebene (vgl. Krotz und Thomas 2007; Hartmann 2006).[3] Insofern ist der Domestizierungsansatz mit Blick auf seine empirische Anwendung stärker dem zweiten hier skizzierten Feld der Medienaneignungsforschung zuzurechnen. Er zielt darauf, speziell die Alltagskontextualisierung des Medienhandelns zu theoretisieren und zu analysieren und stellt somit im Spektrum kommunikations- und medienwissenschaftlicher Theorien eine Besonderheit dar.

---

[2] In der deutschen Kommunikations- und Medienwissenschaft spielte ein Bezug zum *Alltag* auf beiden Feldern der Medienaneignung lange eine nur untergeordnete Rolle (vgl. dazu ausführlicher Röser et al. 2010).

[3] Einige Beispiele für Forschungsarbeiten, in denen sich beide Perspektiven verbinden, werden bei Röser et al. 2010 genannt, so etwa auch Müller 2010.

Das Domestizierungskonzept: Medien- als Alltagshandeln $\qquad$ 3

Für den Alltag und speziell den häuslichen Alltag als situativen Kontext des Medienhandelns – und somit für das oben skizzierte zweite Feld – interessiert sich das Anfang der 1990er Jahre erarbeitete „Domestication of Information and Communication Technologies"-Konzept (Silverstone und Haddon 1996).[1] Es entfaltet einen analytischen Zugriff, der sowohl historisch als auch bezogen auf aktuelle Entwicklungen wie die digitale Mediatisierung des Alltags (vgl. Krotz 2007) weiterführende Einsichten erbringen kann. Mit Domestizierung wird hier der Prozess bezeichnet, in dem Medien und Kommunikationstechnologien in die Wohnungen einziehen, ins Häusliche eingefügt werden und im Aneignungsprozess Teil häuslicher Alltagsroutinen sowie Mittel sozialen Handelns werden. Dieser Prozess geht mit einer verstärkten Teilhabe breiterer Bevölkerungskreise einher, den Morley (2000, S. 95) „democratisation"[2] genannt hat: Die Technologie wandert von den Insidern und Experten zu den Laien, von spezialisierten Teilöffentlichkeiten zu breiten Nutzerkreisen und es vermindern sich zugleich soziale Differenzen in Zugang und Nutzung.

Damit eröffnet der Domestizierungsansatz prinzipiell zwei Analyseperspektiven: Erstens fordert er dazu auf, die Situationen der Mediennutzung in die Analysen

---

[1] Das Domestizierungskonzept und seine Potenziale für aktuelle Analysen wurden ausführlich eingeführt in Röser 2007a; der folgende Abschnitt präsentiert daraus ausgewählte, zentrale Aspekte. Vgl. auch Berker et al. 2006; Hartmann 2009.

[2] Anstelle des weitreichenden Begriffs der Demokratisierung scheint es angemessener von Teilhabe zu sprechen. Davon unbesehen ist hier ein interessanter und relevanter Aspekt angesprochen: Es geht um die Frage, inwieweit über die häusliche Nutzung Impulse zu einer verstärkten Teilhabe an einem neuen Medium gegeben und zugleich soziale Ungleichheitsgrenzen nivelliert werden. Tatsächlich lässt sich diese These nicht nur anhand historischer Studien zum Radio (vgl. Moores 2007), sondern auch anhand der Verbreitung des Internets in Deutschland sehr gut stützen (vgl. Röser 2005, 2007b), dieser Aspekt wird von uns zurzeit im Rahmen des später vorgestellten Projekts empirisch untersucht, hier aber nicht näher behandelt.

J. Röser, C. Peil, *Internetnutzung im häuslichen Alltag*, essentials,
DOI 10.1007/978-3-658-04730-6_3, © Springer Fachmedien Wiesbaden 2014

einzubeziehen und speziell den häuslichen Kontext als bedeutungsstiftende Sphäre des Medienhandelns in den Blick zu nehmen. Der Anspruch dieser ersten und im vorliegenden Aufsatz im Vordergrund stehenden Ebene von Domestizierung ist es, das Ineinandergreifen verschiedener häuslicher Praktiken zu beleuchten, die Interaktionen von Medienhandeln, sozialen Beziehungen und personaler Kommunikation sowie ihre Verbindung zu übergreifenden Diskursen und Strukturen näher zu untersuchen. Domestizierung ist zweitens ein Ansatz zur Beschreibung und Theoretisierung von Diffusionsprozessen neuer Medien und Kommunikationstechnologien, der eine spezifische, aneignungsorientierte Analyseperspektive auf die Verbreitung eines neuen Mediums bietet (vgl. Röser und Peil 2010).

Grundsätzlich perspektiviert der Domestizierungsansatz speziell das Zuhause als relevanten Kontext der Medienaneignung und öffnet den Blick für die häuslichen Konstellationen rund um die Mediennutzung. Dieser Fokus ergab sich im Rahmen der ethnografischen Fernsehforschung quasi automatisch: Als in den 1980er Jahren erste Studien die Fernsehrezeption in ihrer situativen Einbettung untersuchten, rückten zwangsläufig der Haushalt und das Heim ins Zentrum. Trotz aktueller Tendenzen einer zunehmenden Mobilisierung von Medienkommunikation stellt das Häusliche auch heute noch einen zentralen Kontext des Medienhandelns dar, sodass die Domestizierungsperspektive produktive Ansätze bietet, um gegenwärtige Prozesse der Digitalisierung aus der Nutzerperspektive vertiefend zu analysieren (vgl. bzgl. des Internets: Röser 2007b).

Das Domestizierungskonzept wurde im Rahmen des HICT-Projekts – The Household Uses of Information and Communication Technologies – entwickelt. An die ethnografische Fernsehforschung anknüpfend führten Silverstone, Hirsch, Morley (1992) und Livingstone (1992) dieses Projekt Ende der 1980er Jahre unter Einbeziehung der (damals) neuen Medientechnologien durch. Es zielte auf die Nutzung des gesamten Ensembles der Medien und Kommunikationstechnologien im Kontext der Haushalte, der Familien-, Generationen- und Geschlechterbeziehungen, wie es schon Bausinger nahe gelegt hatte. Anliegen des Projekts war es, die damals dominante Fernsehrezeptionsforschung bezogen auf den Medienverbund zu rekontextualisieren und das Feld der Medienforschung insgesamt in einem breiteren soziotechnischen und kulturellen Rahmen neu zu definieren, um eine Alternative zu technikdeterministischen Ansätzen zu entwickeln (vgl. Morley und Silverstone 1990; Silverstone und Hirsch 1992; ferner: Morley 1999a, S. 310 ff.; Berker et al. 2006). Das Projekt startete zu einem sehr frühen Zeitpunkt – der Einzug von Computern in die private häusliche Welt steckte in den Anfängen, ‚neue‘ Medien waren Satelliten-TV, Spielkonsolen u. ä. – und wurde zu einer Pionierstudie über die Frühphase der Digitalisierung der Haushalte. Auch wenn der Ansatz theoretisch, etwa bezogen auf die Konzeptionierung von Alltag (vgl. Krotz und Thomas

2007), und empirisch weiterzuentwickeln ist, hat das im HICT-Projekt entwickelte Domestizierungskonzept als Theorierahmen im Zuge der umfassenden Mediatisierung des Zuhauses an Aktualität noch gewonnen (vgl. Röser 2007a, b).

Der Prozess der Domestizierung von Medien wurde im HICT-Projekt in vier Phasen systematisiert (vgl. Silverstone et al. 1992, S. 20–26): 1) „Appropriation"[3] meint die *Anschaffung* und die Inbesitznahme der Technologie, ihre Überführung vom Außen ins Innen. 2) „Objectification" bezeichnet die *Platzierung* der Technologie im Haushalt und mögliche Veränderungen der Räume. 3) „Incorporation" zielt auf die *Integration* der Technologie in die zeitlichen und alltäglichen Routinen des Haushalts und seiner Mitglieder. 4) „Conversion" schließlich bezeichnet den (medieninduzierten) *Wandel* der Beziehung des Haushalts zur Außenwelt, zur näheren und weiteren Umgebung, zwischen öffentlicher und privater Sphäre. Die zweite und dritte Phase rücken die innerhäuslichen Prozesse in den Blick, wozu sowohl das Einpassen der Technologie in vorhandene Strukturen und Praktiken gehört als auch die Veränderung von Räumen, Routinen und Interaktionen durch Impulse des neuen Mediums und die Mikropolitiken der häuslichen Geschlechter- und Generationenbeziehungen. Die erste und vierte Phase beinhalten die Beziehung des Haushalts zu anderen gesellschaftlichen Sphären. So ist das Zuhause durch den Kauf einer neuen Medientechnologie mit den Politiken der Produktion und Technikentwicklung, des Konsums und Marketings verbunden; in umgekehrter Richtung wirken die medieninduzierten Wandlungen im Haushalt auf die Makroebene zurück (vgl. Silverstone 2006; vgl. auch Bakardjieva 2005; Röser 2005, 2007b, c; Röser und Großmann 2008).

Damit sollte deutlich geworden sein, dass die häuslichen Alltagspraxen nicht isoliert stehen, sondern mit ökonomischen, technologischen und gesellschaftlichen Rahmenbedingungen interagieren (vgl. du Gay et al. 1997). Das Zuhause ist ein Mikrokosmos des gesellschaftlichen und kulturellen Wandels durch Medien. Es ist in der Domestizierungsperspektive somit nicht Mikro- im Gegensatz zur Makroebene, vielmehr finden alle gesellschaftlichen und kulturellen Fragen der Medienkommunikation ihren Ausdruck (auch) im häuslichen Kontext und werden von hier aus beeinflusst. Morley (2000, S. 9) brachte diesen Zusammenhang auf den Punkt, indem er das Wohnzimmer als den Ort bezeichnete, „where the global meets the local" (vgl. auch Morley 1999b). Dies lenkt den Blick auf den häuslichen Kontext als vielschichtigen Schnittpunkt. Hier vollziehen sich: die Verbindung von technologischen Innovationen, sozialen Beziehungen und kulturellen Identitäten; die Einbindung „der Texte und Technologien von Kommunikation und Informa-

---

[3] Silverstone (2006, S. 233) schlug später „Commodification" als präziseren Begriff vor; vgl. auch Hartmann 2009.

tion" in das „Management von Zeit und Arbeitsteilung sowie in die Schaffung und Erhaltung sozialer Beziehungen und individueller Identitäten"; die Organisation sozialer Räume, in denen Individuen in Familie und Haushalt mittels Medien miteinander verbunden und voneinander getrennt sind; die medienvermittelte Beziehung zwischen der Familie/dem Haushalt und der sie umgebenden Welt (Morley 1999a, S. 313).

Häuslicher Alltag mit dem Internet: Ethnografisch orientierte Fallanalysen 4

Der Alltagsbezug im Hinblick auf die häusliche Sphäre als Kontext des Medienhandelns ist somit konstituierend für den Domestizierungsansatz. Wie sich der Einzug eines neuen Mediums in das Zuhause konkret ausgestaltet, wird durch Formen der Integration in alltägliche Zusammenhänge sichtbar. Dabei spielen unter anderem die räumlichen Arrangements eine wesentliche Rolle, die rund um die neue Medientechnologie getroffen werden und die sich mit ihrer zunehmenden Einbettung in häusliche Alltagsstrukturen verändern können (vgl. van Rompaey und Roe 2001). Im Weiteren stellen wir dazu ausgewählte Befunde aus einer umfassenden Studie zur Domestizierung des Internets in Deutschland seit 1997 vor. Wir zeigen, dass räumliche Arrangements in Verbindung mit dem Internet in Bewegung geraten, weil sie im Spannungsfeld von tradierten Vorstellungen zur häuslichen Zimmeranordnung und dem damit oft konfligierenden Wunsch nach Gemeinschaft, Kommunikation und Nähe verhandelt werden.

Im Folgenden werden Teilbefunde aus 25 qualitativen, ethnografisch orientierten Haushaltsstudien mit insgesamt 50 Personen vorgestellt, die wir 2008 durchgeführt und in den Folgejahren fortgesetzt haben (vgl. Abschn. 8). Das Gesamtprojekt basiert auf einem mehrstufigen Methodendesign, das eine Fragebogen-Befragung von insgesamt 130 Personen beinhaltet sowie themenzentrierte Interviews mit 25 heterosexuellen (Ehe-)Paaren inklusive der Sichtung aller Räume, in denen bei ihnen zuhause das Internet genutzt wird. Die Befragung von Paaren in einem gemeinsamen Interview diente der Rekonstruktion von sozialen Konstellationen und Kommunikationspraktiken und gab Aufschluss über geschlechtsgebundenes Verhalten und die Beziehungskultur des Paares. Unterstützt wird die qualitative Analyse der Internetaneignung im Kontext des Zuhauses und der Paarbeziehung durch eine Sekundäranalyse repräsentativer Daten zur Gesamtentwicklung der Internetverbreitung, die uns im Rahmen einer Kooperation mit der ARD/ZDF-Projektgruppe Multimedia aus den ARD/ZDF-Onlinestudien zur Verfügung gestellt wurden. Das Sample wurde auf Basis klassischer soziodemografischer Variablen

J. Röser, C. Peil, *Internetnutzung im häuslichen Alltag*, essentials,
DOI 10.1007/978-3-658-04730-6_4, © Springer Fachmedien Wiesbaden 2014

gebildet, quotiert nach Alter (25–65) und Schulbildung. Darüber hinaus fand eine Streuung hinsichtlich des Zeitpunkts der privaten Internet-Anschaffung statt, die fundierte Einblicke in die stark variierenden Zugänge und Motive sowie in die Dynamiken und Qualitäten des Domestizierungsprozesses im Zeitverlauf ermöglichte – und dies bei sowohl internet-affinen frühen als auch weniger affinen späteren Nutzerinnen und Nutzern.

Die Befunde der Haushaltsstudien wurden entlang von vier zentralen Dimensionen strukturiert, die die von Silverstone u. a. (1992, S. 20–26) systematisierten Domestizierungsphasen projektspezifisch konkretisieren. Dadurch konnten vertiefte Einsichten in die häusliche Medienaneignung und speziell den Domestizierungsprozess des Internets gewonnen werden. Konkret handelte es sich um 1) Motive und Impulse bei der Anschaffung des Internets, 2) Formen der Integration in den häuslichen Kontext, 3) Medienfunktionen und Medienmenüs sowie, 4) Geschlechterverhältnis und Doing Gender. Bei der zweiten Dimension der Internetintegration in häusliche Praktiken fand aufgrund der thematischen Breite eine weitere Differenzierung statt: in zeitliche, räumliche, kommunikations- und organisationsbezogene Arrangements.[1] Auch wenn diese Felder nicht voneinander zu trennen sind und eher einer analytischen Unterscheidung dienen, soll im Folgenden zunächst die räumliche Integration des Internets im Zentrum der Betrachtung stehen, die allerdings, wie noch zu sehen sein wird, eng mit den häuslichen Kommunikationsstrukturen, mit zeitlichen Aspekten der Internetnutzung, mit den gelebten Geschlechterverhältnissen sowie mit Bedeutungsverschiebungen im Medienmenü interagiert.

Die Platzierung von Medien hängt in entscheidender Weise mit den kommunikativen Bedürfnissen und Interaktionsformen innerhalb der häuslichen Gemeinschaft zusammen. Räumliche Arrangements sind nicht nur Indikatoren für die Alltagsintegration eines Mediums, sie geben zugleich Aufschluss über die im Rahmen häuslicher Aneignungspraktiken verhandelten Akzente einer Technologie, deren Nutzung einerseits Rückzug signalisieren, andererseits aber auch eine gemeinschaftsfördernde Funktion erfüllen kann (vgl. Röser 2007c, b). Das Potenzial, den Alltag nicht nur zeitlich zu rhythmisieren, sondern auch kommunikativ zu strukturieren, hat Bausinger (1987, S. 19) den Medien bereits Mitte der 1980er Jahre zugeschrieben: „Die Medien sind integrativ, sie können die Familie zusammenführen, sie können aber auch trennend sein, desintegrativ (…).“

---

[1] Höflich und Hartmann (2007) sprechen von *„Momente[n] medienbezogener sozialer und kommunikativer Arrangements"* (ebd.: 211; Hervorh. im Orig.) bzw. von „Arrangiertheiten" (ebd: 213), um den relationalen und situativen Praktiken in neuen Medienumgebungen besonderen Ausdruck zu verleihen.

Im Rahmen unserer Haushaltsstudien ließen sich zwei Typen mit je spezifischen Umgangsweisen hinsichtlich der räumlichen Integration des Internets in den häuslichen Alltag identifizieren. Haushalte des ersten Typs wiesen dem Internet einen separaten Platz innerhalb der Wohnung zu und entkoppelten es durch die Auslagerung aus dem gemeinsamen Wohnbereich von ihrem Alltagsleben. Dagegen versuchten die Haushalte des zweiten Typs, der sich zur Zeit unserer Untersuchung neu herauszubilden begann, das Internet in die räumlichen Strukturen des Zuhauses stärker zu integrieren, um auf diese Weise einer fragmentierenden Tendenz des Mediums entgegen zu wirken. Die Entstehung neuer räumlicher Arrangements, wie sie bei der zweiten Gruppe festgestellt wurde, hing dabei fast immer mit dem Wunsch zusammen, die Kommunikation zwischen Partner und Partnerin zu verbessern und durch die räumliche Neuorientierung eine integrative Wirkung des Internets herzustellen.

Internetnutzung und Fragmentierung: Typ „Separierende Raumarrangements" 5

Die erste hier genannte Gruppe zeichnet sich dadurch aus, dass die Befragten zuhause eine traditionelle Raumaufteilung mit Wohnzimmer, Esszimmer, Küche und – je nach Kapazitäten und Erfordernissen – Arbeits- und Kinderzimmer vorgenommen haben. In vielen Haushalten mit dieser Konstellation wurde dem Internet zunächst ein fester Platz im Arbeitszimmer zugewiesen, sofern ein solches vorhanden war. Diese Platzierung war insbesondere in Haushalten üblich, die bereits vor Anschaffung des Internets über einen PC verfügten und diesen als Arbeitsgerät in einem separaten Raum nutzten. Dabei herrschte oft Konsens darüber, dass das Internet als eine mit der Arbeitssphäre verbundene Technologie für eine Platzierung im Wohnzimmer ungeeignet sei. Anschaulich wurde diese Konnotation von dem Befragten Herrn Wulf erläutert, der sich durch eine Aufstellung von PC und Internet im Wohnzimmer gestört fühlen würde:

> Ich trenne das richtig ab. Das ist für mich einfach arbeiten. Auch, wenn es in der Freizeit ist. Aber am PC sitzen ist für mich anstrengend und ist Arbeit teilweise. Obwohl es auch Momente gibt, wo ich es absolut gerne mache. Und deswegen so dieser Gedanke ,Computer, PC: Arbeitszimmer'. Ganz einfache Kiste so.

Teilweise spielen für diese Haltung auch ästhetische Erwägungen eine Rolle. Ein häufig genannter Einwand war, dass der Computer als ,großer grauer Kasten' nicht in das Gesamtbild des Wohnzimmers passe. Gerade bei den älteren Paaren in unserem Sample zeigte sich fast durchweg die Bevorzugung eines Extrazimmers für die Aufstellung von PC und Internet, häufig wurde ein ehemaliges Kinderzimmer entsprechend umfunktioniert. Wenn dem Haushalt nicht genügend Räume oder ausreichend Platz für diese Konstellation zur Verfügung standen, dienten alternativ auch Kellerräume oder andere Hilfskonstruktionen der Unterbringung des Internets. So fanden in einem Haushalt PC und Internet Platz in einem selbstgebauten Schlafzimmerschrank, der bei Nicht-Nutzung geschlossen wurde. Das Gerät unterliegt hier einem ebenso diskreten Ausschluss aus der häuslichen Inneneinrichtung

J. Röser, C. Peil, *Internetnutzung im häuslichen Alltag*, essentials,
DOI 10.1007/978-3-658-04730-6_5, © Springer Fachmedien Wiesbaden 2014

wie das Fernsehen in den Anfangsjahren seiner privaten Nutzung, das im eigens für ihn vorgesehenen Mobiliar verschwand (vgl. O'Sullivan 2007).

Bei Beibehaltung einer konventionellen Raumaufteilung kontrastiert das Gemeinschaftsmedium Fernsehen mit der Individualtechnologie Internet: Während sich um den traditionell im Wohnzimmer aufgestellten Fernseher routinierte Nutzungsweisen und gemeinschaftliche Freizeitrituale ausgebildet haben, wird das Internet als ein mit Arbeit und Rückzug assoziiertes Medium räumlich ausgegliedert. In Haushalten, in denen das Internet nur sporadisch genutzt wird, wurde diese Konstellation nicht in Frage gestellt und führte auch nicht zu Konflikten. Dies war beispielsweise bei Paaren der Fall, für die Julia Ahrens (2009) in ihrer Typologie zur Internet-Alltagsintegration den Begriff der „Additionalisten" geprägt hat: Internetnutzerinnen und Internetnutzer, die gelegentlich vom Internet Gebrauch machen, dieses aber nur mäßig in alltägliche Routinen und Abläufe einbetten. Die Internetnutzung beansprucht bei den Additionalisten nur einen geringen Anteil des Medienzeitbudgets, was teils auch mit den in dieser Gruppe bevorzugten Anwendungen zusammenhängt: gezielte Informationssuche und Recherchen stehen hier im Vordergrund der Nutzung, während Unterhaltungs- und weitergehende Servicefunktionen des Internets eine eher untergeordnete Rolle spielen (vgl. ebd.). Die vereinzelten Internet-Zugriffe eines oder beider Partner gehen hier nicht mit einem merklichen Verlust von Qualitätszeit als Paar einher, sie beeinträchtigen weder den gemeinsamen Fernsehabend noch andere Arten der familiären Freizeitgestaltung.

Diese herkömmliche Anordnung droht aber zu einem Problem zu werden, je stärker das Internet domestiziert ist, wobei insbesondere die damit einhergehende zeitliche Dimension der Nutzung und die dadurch beeinträchtigten Kommunikationsstrukturen innerhalb der Paarbeziehung zum Kristallisationspunkt häuslicher Spannungen werden. Denn verbringt ein Partner viel Zeit mit dem Internet und bindet es stärker in den Alltag ein, wird deutlich, dass dem neuen Medium ein fragmentierendes Moment innewohnt, das zu einem ungelösten Konflikt in der Partnerschaft führen kann. Anschaulich lässt sich dieser Konflikt am Beispiel des Ehepaars Mück nachvollziehen.

Paar Mück: Computer abgetrennt im Schlafzimmer
Die Mücks, die seit knapp 20 Jahren als Paar zusammenleben, wohnen mit ihrer 16-jährigen Tochter in einer kleinen Wohnung am Rande einer Großstadt. Der 43-jährige Herr Mück ist als Verwaltungswirt voll berufstätig, während die 55-jährige Frau Mück als Hausfrau arbeitet und einmal pro Woche einer ehrenamtlichen Tätigkeit im Büro des Sportvereins nachgeht, in dem sie und ihr Mann Mitglieder sind. Einen häuslichen Internetanschluss hat das Paar seit 2001, die Anschaffung erfolgte allein durch Herrn Mück, der den Onlinezugang für private Zwecke wie E-Mail-Kommunikation und sein Hobby, den Sportverein, haben wollte. Seit 2005

muss er auch beruflich auf das Internet zugreifen und nutzt es täglich an seinem Arbeitsplatz. Frau Mück nutzt das Internet zuhause so gut wie gar nicht, lediglich während eines längeren Auslandsaufenthalts ihrer Tochter hat sie das Internet zum Schreiben und Empfangen von E-Mails gebraucht. Sie beschreibt sich selbst als technikkritisch und räumt ein, sich für die Nutzung weder zu interessieren noch sich besonders gut mit PC und Internet auszukennen. Neben ihrer distanzierten Einstellung zum Medium wird ihre häusliche Internetnutzung auch dadurch gehemmt, dass die beiden internetfähigen Computer ihrem Mann bzw. ihrer Tochter gehören und nicht als geteiltes Familieneigentum wahrgenommen werden. Beide schützen ihre Geräte mit einem Passwort, sodass Frau Mück zunächst einen von beiden fragen müsste, wenn sie zuhause online gehen will. Darüber hinaus empfindet sie ihren Mann oft als ungeduldig und kaum hilfreich, wenn er ihr gängige (Online-)Anwendungen am Computer erklären soll. Sie zieht es daher vor, PC und Internet einmal wöchentlich an ihrem Arbeitsplatz zu nutzen, wo ihr die Kolleginnen und Kollegen bei Fragen und Problemen zur Seite stehen.

Ein weitaus größerer Konflikt ergibt sich allerdings durch die langen Zeiten, die Herr Mück regelmäßig zuhause online ist. Aus Mangel eines Arbeitszimmers steht sein Computer im Schlafzimmer (in der oben beschriebenen Schrankkonstruktion), wo er ihn täglich nach der Arbeit bis zu drei Stunden nutzt. Ihre abendliche Freizeit verbringen die Mücks nun meistens getrennt, und zwar sowohl in räumlicher Hinsicht als auch bezüglich ihrer Medienwahl: Herr Mück sitzt im Schlafzimmer vor dem Rechner, während Frau Mück im Wohnzimmer Fernsehen schaut oder ein Buch liest. Diese Trennung bedauert Frau Mück sehr, sie sieht das Internet als eine Technologie, die die Familie fragmentiert und wünscht sich wieder mehr Zeit für gemeinsame Abende mit ihrem Mann:

> (…) Aber im Winter sitzt er jeden Abend vorm Computer und ist da am Rumrödeln. Und das finde ich nicht gut. Klipp und klar. (…) so von sieben bis zehn, elf, wenn man hier sonst zusammensitzen würde. Und das ist ja eben die Zeit. Man verbringt den Abend oder die Abende nicht mehr miteinander, sondern der eine guckt Fernsehen, der andere sitzt am Computer.

Eine Platzierung des Internets im Wohnzimmer käme für sie aber trotzdem nicht in Frage, wie Herr Mück anmerkt: „Wir haben so einen abgetrennten Bereich im Schlafzimmer, weil das hier [im Wohnzimmer] nicht möglich ist oder meine Frau gesagt hat, das ist hier ein Wohnraum und kein Arbeitszimmer." Eine Lösung des Konflikts scheint zu diesem Zeitpunkt nicht in Sicht, das Paar hat auch keine Vereinbarungen über eine zeitliche Begrenzung der Internetnutzung von Herrn Mück getroffen. Eine Chance auf mehr Zeit mit ihrem Partner sieht Frau Mück – etwas resignierend – nur dann gegeben, wenn sie sich zum Geburtstag den einmonatigen Verzicht ihres Mannes auf das häusliche Internet wünschen würde.

Wie in diesem Haushalt sind es oft Frauen, die die zeitintensive Internetnutzung ihrer Ehemänner oder Lebenspartner beklagen (vgl. in Bezug auf junge Paare: Großmann 2007). Der Konflikt entsteht durch den innerhalb der Paarbeziehung asymmetrischen Verlauf der Internetintegration und diese Asymmetrie verläuft entlang geschlechtsspezifischer Kodierungen. Die Onlineaktivitäten ihrer Männer erleben die Frauen als massiven Konflikt, weil die früher gemeinsam verbrachte Freizeit erheblich eingeschränkt wird. Dies gilt insbesondere auch für zusammen verbrachte Fernsehabende, die von diesen Paaren im Gegensatz zur separierten Internetnutzung als Gemeinschaftszeit empfunden werden.

Internetnutzung als Gemeinschaftszeit: Typ „Integrierende Raumarrangements" 6

Von Spannungsfeldern zwischen medieninduzierter Fragmentierung und Gemeinschaft berichten rückblickend auch einige Paare aus Haushalten, in denen beide Partner oft online gehen und das Internet immer stärker in ihren Alltag integriert haben. Manche dieser Paare beginnen sich von traditionellen Raumvorstellungen zu lösen und greifen stattdessen auf neue und teils auch kreative Anordnungen des häuslichen Zusammenlebens zurück. Hier zeigen die Haushaltsstudien, dass ein Wandlungsprozess im Gang ist, im Zuge dessen räumliche Arrangements innerhalb des Zuhauses verändert werden.

Paar Meckel: Ein gemeinsamer Raum mit zwei persönlichen Computern
Ein neues Arrangement suchte sich das Ehepaar Meckel, das mit seinen zwei fast erwachsenen Kindern in einem kleinen Reihenhaus lebt. Herr Meckel (50) und Frau Meckel (48) sind als Verwaltungsangestellte beide in Vollzeit berufstätig. Als das Paar im Jahr 2000 aufgrund privater Interessen sein Zuhause an das Internet anschloss, teilten sich beide zunächst einen PC mit Online-Zugang. Frau Meckel war von Anfang an begeistert vom Internet, ihr Mann begann ein gutes Jahr später mit einer kontinuierlicheren Nutzung, verbrachte aber als Bastler auch unabhängig vom Internet und auch schon in früheren Jahren regelmäßig Zeit am PC – beide Technologien zusammen betrachtet entwickelte sich bei diesem Paar somit eine eher symmetrische Nutzung, wenn auch mit einer gewissen ‚Arbeitsteilung' im Rahmen eines geteilten Expertentums. Die wachsende Alltagsintegration von PC und Internet führte schnell zu Problemen im Zusammenleben, weil die Technologie nicht von beiden gleichzeitig genutzt werden konnte. Quasi im ‚Schichtbetrieb' praktizierten sie eine abwechselnde Nutzung und stellten bald fest, dass sie zuhause immer weniger Zeit zusammen verbrachten und ihre Kommunikation Schaden nahm. Ganz bewusst suchten sie nach einer Lösung für diese Situation, die Herr Meckel als „suboptimal" charakterisiert. Sie entschieden sich, einen zweiten PC mit

J. Röser, C. Peil, *Internetnutzung im häuslichen Alltag*, essentials,
DOI 10.1007/978-3-658-04730-6_6, © Springer Fachmedien Wiesbaden 2014

Internetzugang anzuschaffen und beide Geräte nebeneinander zu platzieren. Das Paar ist mit dieser Lösung außerordentlich zufrieden. Frau Meckel erklärt:

> (…) am Anfang, als wir anfingen [mit der Internetnutzung], waren da eben schon diese negativen Geschichten. Jeder so für sich und dann immer nacheinander, und so, dass ich das Gefühl habe, ‚Ja, jetzt sitzt er da schon und ich …‘ Aber das war eben am Anfang. Bis wir dann gemerkt haben, wir müssen eine andere Lösung für uns finden. Und die haben wir gefunden (…) eben, zu zweit, zwei Rechner zu haben. (…) Und eben auch in einem Raum zu haben. Und wir können da gut mit umgehen und das ist für uns ideal. Mag andere geben, die sagen, das wäre furchtbar. Aber für uns war das eine gute Lösung.

Die Meckels verbringen in der Woche abends nach der Arbeit und den häuslichen Pflichten oft rund zwei Stunden parallel vor dem jeweiligen Rechner. Sie genießen einerseits die Autonomie durch den je eigenen PC, da Wartezeiten ebenso entfallen wie Konflikte um die Einstellungen, die es früher gegeben hatte, und beide ihre individuellen Interessen verfolgen können. Andererseits empfinden sie diese Situation als kommunikativer als zuvor, man sei sich „viel näher", erläutert Frau Meckel: „Man spricht dann auch miteinander oder dann fällt einem irgendwas ein. Man hat einen viel schnelleren Kontakt, wenn man nebeneinander ist." Und Herr Meckel findet: „Kann man sich einfach leichter austauschen. Oder man kann schnell mal sagen, ‚Guck mal‘. Also, das geht gut." Die Gespräche, die während der gleichzeitigen Nutzung von PC und Internet entstehen, drehen sich sowohl um die Medienangebote als auch um medienunabhängige Themen.

Das Internet ist in diesem Haushalt somit bezogen auf die situative Rahmung in hohem Maße zum Gemeinschaftsmedium geworden. Eine Konsequenz ist der starke Bedeutungsverlust des Fernsehens zugunsten des Internets. Vor Anschaffung des Internets und als die Kinder noch jünger waren, haben die Meckels abends routinemäßig gemeinsam ferngesehen, wie es viele andere Paare auch praktizieren. Inzwischen ist dies die absolute Ausnahme. Zudem hat das Fernsehen einen bemerkenswerten Bedeutungswandel erfahren: Es ist zum gelegentlich genutzten Individualmedium geworden und wird eingeschaltet, wenn einer der Partner sich zurückziehen und Zeit für sich haben will. Beide Meckels berichten, inzwischen so gut wie ausschließlich alleine Fernsehen zu schauen. Er sieht sich regelmäßig Sportberichte an; sie erwähnt gelegentliches (Liebes-)Filmgucken als Rückzug und Entspannung. Dadurch haben sich klassische (geschlechtsgebundene) Konflikte (vgl. Röser und Kroll 1995), die früher offenbar häufiger vorkamen, erübrigt, nämlich um die Fernbedienung, ums Zappen und um die Programmwahl zwischen „Sport" und „Liebesfilm", wie das Paar erzählt.

Dieses Paar hat Internet und Fernsehen somit in ihren sonst üblichen kommunikativen Funktionen innerhalb der Paarbeziehung vertauscht: Das frühere Gemeinschaftsmedium Fernsehen ist zum sporadisch genutzten, personalisierten Individualmedium geworden, während das Internet bezüglich der situativen Rahmung (und manchmal auch in Form gemeinsam rezipierter Inhalte) in hohem Maße als Gemeinschaftsmedium empfunden wird. Mit dem Bedeutungswandel des Fernsehens hat sich in dem Haushalt auch die Funktion des Wohnzimmers verändert. Beide nutzen es zum je individuellen Rückzug: er zum Musikhören oder TV-Sport Schauen, sie zum Buchlesen oder Fernsehen sowie zum Bügeln. Das Wohnzimmer scheint somit als Gemeinschaftsraum einen gewissen medieninduzierten Funktionsverlust durchlaufen zu haben. Eine Platzierung der Computer im Wohnzimmer hat das Paar aber nie in Erwägung gezogen. Die beiden Computerplätze wurden aufgrund von Platzmangel im eigentlichen Esszimmer eingerichtet, dies mobil auf Rolltischen, um in dem kleinen Raum gegebenenfalls Platz für Besuch schaffen zu können. Meckels wollen sich aber nach dem Auszug eines der Kinder ein – weiterhin gemeinsames – Computerzimmer einrichten, das sie „Arbeitszimmer" nennen, obwohl beide zuhause keine beruflichen Arbeiten am PC verrichten. Sie folgen also der oben geschilderten verbreiteten Vorstellung, wonach Computer und Internet in einem speziellen Raum unterzubringen sind, wollen diesen aber auf jeden Fall weiterhin als Gemeinschaftsraum gestalten, wie beide mit Nachdruck betonen.

In einigen Haushalten lässt sich eine andere, mit dem Aushandeln neuer räumlicher Konstellationen verbundene Variante gegen dasselbe Problem der drohenden Fragmentierung durch das alltagsintegrierte Internet finden. Bei dieser eher von jüngeren Paaren gewählten Strategie wird insgesamt etwas stärker in die herkömmlichen Raumstrukturen des Zuhauses eingegriffen und *auf eine konventionelle Raumaufteilung mit getrenntem Wohn- und Arbeitszimmer verzichtet.* Dies ist in Haushalten der Fall, in denen das Internet seinen festen Platz im Wohnzimmer hat. Häufig verdankt sich diese Konstellation zunächst dem Zufall des Platzmangels. Viele Paare äußerten, dass sie Computer und Internet anfangs lieber in einem gesonderten Raum aufgestellt hätten, verfügten aber nicht über ein Extra-Zimmer. Durch die Einrichtung von Nischen oder den Einsatz von Raumteilern wie Vorhängen und Verkleidungen versuchten einige, das Internet zumindest ansatzweise vom übrigen Wohnraum zu separieren. Mit zunehmender Nutzungsintensität des Internets durch einen oder beide Partner wurde diese offenere räumliche Anordnung dann als positiv empfunden. In anderen Haushalten entschied man sich ganz bewusst für ein solches Arrangement.

Paar Markuse: Computer und Fernseher im Wohn-Esszimmer
Bewusst entschieden sich die Markuses für die Platzierung von PC und Internet in einem an das Wohnzimmer angrenzenden, nur durch Vorhang abgetrennten Esszimmer und empfinden dies heute als optimal. Seine häusliche Freizeit kann das Paar (beide 33 Jahre alt) trotz unterschiedlicher Mediennutzung gemeinsam verbringen: Während die eine vor dem Internet sitzt, schaut der andere Fernsehen, oder umgekehrt – jeder hat seinen eigenen „Spielraum", wie Frau Markuse sich ausdrückt. Die beiden können sich gegenseitig hören und sich unterhalten, sind sich räumlich also nah, haben aber die Möglichkeit, jederzeit einen Vorhang zuzuziehen, wenn sie sich – so Frau Markuse – „auf die Nerven gehen". Eine räumliche Aufteilung, bei der der internetfähige Computer durch Aufstellung im Keller oder in einem so genannten „Zwischenzimmer" von den Gemeinschaftsräumen abgekoppelt ist, käme für die Markuses dagegen nicht in Frage: „Dann würde ich ihn gar nicht nutzen. Auch, wenn er oben im Zwischenzimmer stehen würde, würde ich ihn nicht nutzen", erklärt Frau Markuse. Herr Markuse pflichtet ihr bei: „Würde mir wahrscheinlich genau so gehen. Wäre mir der Weg viel zu weit." Ergänzend fügt seine Frau hinzu: „Ja, dann ist man ja wieder alleine. So hast Du noch ein, zwei, drei Sachen zu reden, kannst nebenbei was machen (…)."

Ähnlich wie bei den Meckels lässt sich die Internetnutzung der Markuses als symmetrisch charakterisieren: beide Partner nutzen gleichermaßen das Internet, gebrauchen es vorwiegend als Freizeit- und Entspannungsmedium, aber auch für die Alltagsorganisation. Der durch das Internet drohenden Fragmentierung begegnen sie aber nicht dadurch, dass sie sich einen zweiten PC anschaffen – beide arbeiten im Schichtdienst und können sich aufgrund ihrer wechselnden und unterschiedlichen Arbeitszeiten mit nur einem Gerät arrangieren. Damit ihre Kommunikation durch das Internet nicht gestört wird, haben sie stattdessen die beiden für sie wichtigsten Medien, Fernsehen und Internet, so platziert, dass diese parallel konsumiert werden können, ohne dass die Partner sich hierfür räumlich trennen müssten.[1]

Paar Sarholz: Zwei persönliche Computer im Wohnbereich – und mobil
Unkonventionelle und zum Teil auch kreative Anordnungen von PC und Internet innerhalb des Zuhauses zeigten sich auch bei anderen jüngeren Paaren, die ihre Onlinenutzung und ihre Gemeinschaftszeit als Paar miteinander verbinden wollen und dabei auch den Fernseher als Freizeit- und Unterhaltungsmedium nicht ganz

---

[1] Ihrem Hobby, online Gesellschaftsspiele zu spielen, gehen sie manchmal auch zusammen am PC nach, in der Regel spielen sie aber getrennt. Insofern hat sich ihre Interaktion durch das Internet trotz der räumlichen Gemeinschaft fragmentiert: Früher haben sie stattdessen regelmäßig ‚live' Gesellschaftsspiele zusammen und mit Bekannten gespielt.

außen vor lassen. Im Haushalt der Sarholz' besitzen beide Partner einen eigenen Rechner mit Internetzugang, beide haben das Internet in hohem Maße und gleichermaßen kompetent in ihren Alltag integriert und zeigen ebenfalls eine symmetrische Nutzungsweise. Online gehen sie ihren individuellen Präferenzen und Gewohnheiten nach und sitzen nur in speziellen Situationen zu zweit vor einem Gerät. Es ist Ihnen aber dennoch wichtig, räumlich nicht voneinander getrennt zu sein, wie auch anhand ihrer Raumkonstellation deutlich wird: Die beiden PCs sind im Wohn- und im Esszimmer untergebracht, die ohne Tür miteinander verbunden sind. Herr Sarholz (41) nutzt einen stationären Computer, der seit der Geburt ihres gemeinsamen Babys vor einem halben Jahr auf einem PC-Tisch in einer Ecke des Esszimmers steht. Frau Sarholz (32) gehört ein Laptop, der seinen festen Platz auf ihrem Schreibtisch im Wohnzimmer hat. Durch die Platzierung in zwei offenen Räumen können sich die beiden bei ihrer Internetnutzung zwar nicht sehen, aber hören und somit unterhalten. Herr Sarholz lässt zudem im Hintergrund auch gerne den Fernseher laufen, wenn er im Internet surft, obwohl er dessen Bildschirm von seinem Arbeitsplatz aus nicht im Blickfeld hat.

Vor der Geburt des Babys stand der PC von Herrn Sarholz im Schlafzimmer, was Frau Sarholz begrüßte, da sie auf diese Weise räumlich mit ihm zusammen sein konnte, wenn sie ins Bett ging und er, wie für ihn zur damaligen Zeit üblich, abends noch länger am Rechner spielte. Das jetzige Arrangement, das zunächst aus Sachzwängen entstand, weil im Schlafzimmer Platz für die Wickelkommode des Babys geschaffen werden musste, finden beide aufgrund der räumlichen Verbindung sehr gut und inzwischen sogar „viel schöner" als die Schlafzimmerlösung, „weil wir da zusammen sind", wie Herr Sarholz sagt. Auch seine Frau bewertet die neue internetbezogene Raumsituation als positiv: „Und das finde ich jetzt eigentlich auch noch viel schöner, jetzt momentan, dass wir die Rechner so nebeneinander quasi haben. (…) weil wir dann eben gleichzeitig und hier auf Rufweite quasi surfen können." Durch diese Konstellation wird die Vielnutzung beider mit Gemeinschaftszeit in Einklang gebracht, wodurch auch das Konfliktpotenzial des Internets eingeschränkt wird, wie Frau Sarholz betont: „(…) dadurch, dass wir parallel surfen können, es beide gerne machen und eben uns auch noch unterhalten können nebenher, ist eigentlich kein Konfliktpotenzial mehr da."

Dem Paar stehen insgesamt mehr Möglichkeiten für unterschiedliche räumliche Arrangements mit Computer und Internet zur Verfügung, weil Frau Sarholz einen Laptop besitzt, den sie auch mobil nutzt, und zwar sowohl innerhalb der Wohnung (Küche, Schlafzimmer, Balkon) als auch außerhalb (z. B. im Urlaub). Ebenso wie in anderen Haushalten, in denen mobile Internettechnologien vorhanden sind, zeigt sich, dass der jeweils gewählte Nutzungsort häufig mit einem konkreten Wunsch nach Ungestörtheit oder aber Gemeinschaft zusammenhängt. Offenbar lassen sich mit dem Laptop *temporäre Interneträume* schaffen, die mal dem Rückzug dienen (z. B. in der Küche) und mal gemeinschaftsstiftend wirken können (z. B. Nutzung des Internets beim gemeinsamen Fernsehen im Wohnzimmer). Die Möglichkeit, Nähe und Distanz mit dem Internet bewusst zu regulieren, wird dabei vor allem in den Haushalten wahrgenommen, in denen das Internet stark alltagsintegriert ist und als ein Medium wertgeschätzt wird, mit dem sich persönliche Interessen verfolgen sowie alltägliche Tätigkeiten und Aufgaben verrichten lassen.

Fazit 7

Eine zunehmende Alltagsintegration des Internets verändert die Kommunikations- und Interaktionsbedingungen im häuslichen Zusammenleben. Dabei meinen wir mit *Alltagsintegration* eine sowohl zeitlich umfangreiche und rhythmisierte als auch inhaltlich vielfältige häusliche Nutzung des Internets, die private Interessen (z. B. Hobbys), tägliche Organisationsaufgaben im Haushalt (z. B. Onlinebanking, Fahrkartenkauf, Konsum/-recherchen) sowie alltägliche Kommunikation (z. B. E-Mail, Chat) umfasst. Im Zuge der fortschreitenden Integration des Internets in den häuslichen Alltag entfaltet das Medium eine fragmentierende Wirkung und stört die Kommunikation und Interaktion in der Paarbeziehung, sofern an dem in Deutschland üblichen Raumarrangement der separierten Platzierung von Computer/Internet festgehalten wird.

So wie es in Deutschland im Verlauf der 1960er und 1970er Jahre selbstverständlich wurde, dass der (Haupt-)Fernseher im Wohnzimmer steht, wurde es seit den 1980er Jahren zur allgemein geteilten Zielvorstellung, den Computer und damit verbunden später auch das Internet in einem separaten ‚Arbeitszimmer‘ zu platzieren. Dass dieses Raumkonzept bis in die 2000er Jahre hinein unhinterfragt war, zeigen diverse Studien, die auf Interviews aus der Zeit zwischen 2004 und 2007 basieren (vgl. Ahrens 2007, 2009; Großmann 2007; Röser 2007b; Röser und Großmann 2008).[1] Auch Haushalte, die aufgrund von Raum- bzw. Geldknappheit kein solches Extrazimmer zur Verfügung hatten, verfolgten in der Regel doch zumindest den Wunsch nach einer größeren Wohnung mit einem solchen zusätzlichen Zimmer.[2] Dieser Raumentwurf war auch in unseren Haushaltsstudien aus dem Jahr 2008 dominant vertreten. Allerdings fanden wir daneben erstmals alternative Vor-

---

[1] Ahrens (2009) fand in ihrer vergleichenden Studie vielfach integrierende Raumarrangements in Australien, in Deutschland jedoch noch weit überwiegend separierende – ihre Interviews fanden 2005/2006 statt.

[2] Vgl. in Bezug auf junge Paare: Großmann 2007; Röser und Großmann 2008. Die einzige Ausnahme stellten zwei Frauen dar, die aufgrund der Befürchtung, der Partner würde seine

J. Röser, C. Peil, *Internetnutzung im häuslichen Alltag*, essentials, 25
DOI 10.1007/978-3-658-04730-6_7, © Springer Fachmedien Wiesbaden 2014

stellungen und Praktiken, die auf einen *beginnenden Prozess der Neuverhandlung von Raumarrangements* hindeuten.[3]

Diese Neuverhandlung der häuslichen Raumarrangements fanden wir in solchen Haushalten, in denen der Partner und die Partnerin das Internet deutlich alltagsintegriert nutzen und die Erfahrung gemacht haben, dass in der traditionellen Raumkonstellation dadurch die Paarkommunikation leidet und sich das Beziehungsleben fragmentiert. Auffällig ist, dass dieses Problem eher selten ausdrücklich reflektiert wurde wie beim oben beschriebenen Paar Meckel, das bewusst nach neuen Wegen suchte. Häufiger führten medienunabhängige Anlässe, Raumknappheit und Zufälle zum Ausprobieren anderer räumlicher Anordnungen, wie etwa beim Paar Sarholz. Die positiven Auswirkungen für die alltägliche Kommunikation drangen in der Folge dann expliziter ins Bewusstsein und waren in den Interviews relativ leicht zugänglich. Auf Basis dieser im Alltag erlebten Vorteile findet bei einigen der untersuchten Paare eine grundsätzliche Infragestellung des Arbeitszimmer-Konzepts statt. Um ihre Kommunikation zu unterstützen und drohende Fragmentierungsprozesse abzuwehren, bedienen sie sich integrierender Raumarrangements, an denen sie auch in Zukunft festhalten wollen: Sie platzieren PC/Internet in den Wohnräumen oder richten ein gemeinschaftliches Arbeitszimmer ein. Eine zusätzliche Flexibilität wird in einigen Haushalten durch mobile Technologien wie den Laptop geschaffen, mit dessen Hilfe sich *temporäre Interneträume* in verschiedenen Zimmern einrichten lassen.

Insgesamt zeigt das traditionelle Raumkonzept, in dem PC/Internet ein separater Platz zugewiesen wird, allerdings eine (noch) hohe Bindekraft. Daran halten letztlich auch Meckels mit ihrem Gemeinschafts-Arbeitszimmer fest. Und besonders bei den vielen Paaren, die wie die Mücks unter anhaltenden Konflikten um die medieninduzierte Fragmentierung leiden, wird von den Frauen zugleich

---

Zeit exzessiv und abgetrennt am PC verbringen, einem Arbeitszimmer skeptisch gegenüber standen (vgl. ebd.).

[3] Eine Untersuchung wie unsere auf Basis von 25 qualitativen Haushaltsstudien zielt auf die Typisierung von Praktiken rund um das Internet, zur quantitativen Verteilung kann sie, alleine betrachtet, nur Indizien liefern. Das häusliche Arrangement der Meckels, bei denen das parallel genutzte Internet den Fernseher als zuvor wichtigstes Gemeinschaftsmedium abgelöst hat, ist demnach eher als Einzelfall zu werten, während sich unterschiedlich ausgeprägte raumbezogene Strategien zur Abwehr von Fragmentierung bzw. Herstellung von Gemeinschaft im Kontext der Internetnutzung schon 2008 in mehreren Haushalten feststellen ließen. Vor dem Hintergrund einer zunehmenden Alltagsintegration des Internets sprechen diese Ergebnisse dafür, dass das bisher in Privathaushalten dominierende Raumkonzept mit separiertem Internet, das auch in unserem Sample noch überwog und zugleich in mehreren Haushalten mit Konflikten einher ging, künftig stärker in Frage stehen könnte. Dies bestätigten die Folgeuntersuchungen 2011 und 2013 (vgl. Abschn. 8).

nachdrücklich das traditionelle Raumarrangement verfochten. Dies steht bei den betroffenen Paaren im Zusammenhang mit einer Asymmetrie in der Internetnutzung, die wiederum entlang geschlechtsgebundener Kodierungen verläuft. Da diese Frauen eine relativ große Distanz oder gar Skepsis gegenüber PC/Internet empfinden und sie als männliches Territorium erleben, ist eine Platzierung der ‚fremden Technologie‘ im Wohnraum für sie undenkbar, obwohl dies den Konflikt theoretisch mindern könnte. Umgekehrt entwickeln solche Paare neue räumlich-kommunikative Arrangements, bei denen die Alltagsintegration des Internets tendenziell symmetrisch verlaufen ist und beidseitig eine positive Haltung zum Medium besteht. Bei den meisten dieser Paare ist Internetnutzungskompetenz nicht oder wenig geschlechtsspezifisch kodiert und auch die Beziehung insgesamt wird eher egalitär gestaltet. Das Zusammenspiel der drei Dimensionen Alltagsintegration des Internets, Raumarrangements und Kommunikationspraktiken in der Paarbeziehung, wie es anhand der Haushaltsstudien gezeigt wurde, wird also wesentlich durch die *Geschlechterdimension* mitgeprägt.

Von den beschriebenen Prozessen sind schließlich auch der häusliche Medienverbund und vor allem die *Funktion des Fernsehens* betroffen. Nur bei den Additionalisten, die dem Internet einen sehr begrenzten Stellenwert im Alltag geben, bleibt das Fernsehen unangefochten das klassische Gemeinschaftsmedium, das von den Paaren abends routiniert zusammen genutzt wird. Bei den konfliktbehafteten asymmetrischen Paaren ist das Fernsehen nach wie vor abendliche Praxis vor allem der Frau, während der Mann große Teile der Zeit räumlich getrennt im Internet surft. Bei den Paaren schließlich, die neue integrierende Raumarrangements wählen, wird nun auch das Internet zum Gemeinschaftsmedium und tritt in dieser Eigenschaft neben das Fernsehen. Dies kann zu einer Koexistenz beider Medien führen wie im Fall der Markuses. Es kann dabei aber auch zu einer Bedeutungsminderung des Fernsehens kommen in solchen Haushalten, in denen sowohl Mann wie Frau dem Internet einen hohen Stellenwert im Alltag beimessen und über je eigene Geräte verfügen. So ist bei den Sarholz' das Fernsehen verstärkt zum Hintergrundmedium der Internetnutzung geworden. Noch extremer stellt sich die Verschiebung bei den Meckels dar: Die abendliche gemeinsame Internetnutzung hat das gemeinsame Fernsehen verdrängt; da das Paar für PC/Internet einen eigenen Raum eingerichtet hat, kommt eine parallele Nutzung mit dem Fernsehen nicht in Frage und wird von ihm auch nicht gewünscht. Das Wohnzimmer ist so zum individuellen Rückzugsort und der dort platzierte Fernseher zum selten genutzten Individualmedium geworden.

Die Art von *medieninduzierter Gemeinschaft*, die eine gleichzeitige Nutzung des Internets an zwei Rechnern ermöglicht, bezieht sich allerdings hauptsächlich auf die situative Rahmung. Die räumliche Nähe ermöglicht Kommunikation *neben* der

Internetnutzung, es werden in der Regel aber nicht die gleichen Onlineangebote rezipiert. Jeder folgt in erster Linie den eigenen inhaltlichen Interessen, wobei das gegenseitige Zeigen von Internetseiten, beispielsweise von speziellen YouTube-Videos, Bildergalerien oder Reiseseiten, bei den von uns befragten Paaren hin und wieder auch auf inhaltlicher Ebene Gemeinschaft stiftet. Beim gemeinsamen Fernsehen ist dieses Verhältnis potenziell anders gewichtet: Auf einfache Weise kann das Fernsehen zugleich situativ wie auch durch gemeinsam rezipierte Inhalte und Gespräche darüber Gemeinschaft herstellen. Auffallend ist nun, dass diese zweite Ebene von den interviewten Paaren kaum thematisiert und bezogen auf das Internet nicht als fehlend markiert wird; sie scheint ihnen nicht allzu wichtig zu sein. Betont wird dagegen die gemeinschaftliche Situation, die ‚Zwischendurch-Kommunikation' und ein Gefühl der Nähe zum anderen mit sich bringt. Dies legt die Vermutung nahe, dass es auch beim verbreiteten gemeinsamen Fernsehen in der Paarbeziehung vor allem um die situative Gemeinschaft und weniger als vermutet um die Programme geht (vgl. auch Röser und Großmann 2008). Das Paar Meckel jedenfalls betont den Vorteil, dass nebeneinander mit dem Internet endlich jeder den eigenen inhaltlichen Interessen nachgehen kann und die Konflikte bzw. Kompromisse um das Fernsehprogramm der Vergangenheit angehören. Somit stellen diese Paare Gemeinschaft bezogen auf den geteilten physischen Raum her, während sie im symbolischen Raum zumindest partiell getrennte Wege gehen.

Ausblick 8

Die zuletzt genannten Einsichten führen direkt zu aktuellen Entwicklungen der Raumarrangements, in denen sich die Schaffung temporärer Interneträume durch den Einsatz mobiler Technologien als Königsweg der Paare abzeichnet. Für die vorliegende Neuveröffentlichung unseres Artikels können gegenüber der Originalfassung von 2010 Einsichten zur weiteren Entwicklung bis 2013 herangezogen werden, denn unsere Studie wurde in Form einer qualitativen Panelstudie fortgeführt und es wurden dieselben Haushalte 2011 und 2013 erneut interviewt (vgl. Röser und Peil 2012; Peil und Röser 2014). Auch in diesen Untersuchungsphasen fanden wir beide Typen von Raumarrangements, wie sie hier vorgestellt wurden. Durch den zunehmenden Einsatz tragbarer Onlinetechnologien wie Notebooks und Smartphones wird das Internet jedoch mehr und mehr *innerhäuslich mobil* genutzt. Auf diese Weise findet es selbst in den Haushalten mit separierenden Arrangements immer häufiger den Weg ins Wohnzimmer, wo es nach Bedarf eingesetzt wird und nicht selten die eigene Fernsehnutzung und die des Partners bzw. der Partnerin begleitet. Ein solches Second-Screen-Setting, das von einer parallelen Fernseh- und Internetnutzung gekennzeichnet ist, stellt inzwischen für viele der von uns befragten Paare eine Möglichkeit dar, den Gegensatz von medieninduzierter Fragmentierung und Gemeinschaft aufzulösen.

J. Röser, C. Peil, *Internetnutzung im häuslichen Alltag*, essentials,
DOI 10.1007/978-3-658-04730-6_8, © Springer Fachmedien Wiesbaden 2014

Literatur

Ahrens, Julia. 2007. 50plus und abgehängt? Internet im häuslichen Alltag von älteren Paaren. In *Medien Alltag. Domestizierungsprozesse alter und neuer Medien*, Hrsg. Jutta Röser, 187–198. Wiesbaden: VS.

Ahrens, Julia. 2009. *Going online, doing gender. Alltagspraktiken rund um das Internet in Deutschland und Australien. Reihe Critical Media Studies*. Bielefeld: transcript.

Bachmair, Ben. 2005. Mediensozialisation im Alltag. In *Qualitative Medienforschung. Ein Handbuch*, Hrsg. Lothar Mikos und Claudia Wegener, 95–114. Konstanz: UVK.

Bakardjieva, Maria. 2005. *Internet society. The internet in everyday life*. London u. a.: Sage.

Bausinger, Hermann. 1983. Alltag, Technik, Medien. In *Rituale der Medienkommunikation. Gänge durch den Medienalltag*, Hrsg. Harry Pross und Rath Claus-Dieter, 24–36. Berlin: Guttandin und Hoppe.

Bausinger, Hermann. 1987. Alltägliche Herausforderungen und mediale Alltagsträume. In *Alltagskultur in Fernsehserien. Hohenheimer Medientage 1986*, Hrsg. Hermann-Josef Schmitz und Hella Tompert, 9–29. Stuttgart: Akademie der Diözese Rottenburg-Stuttgart.

Berker, Thomas, Maren Hartmann, Yves Punie, und Katie J. Ward. 2006. Introduction. In *Domestication of media and technology*, Hrsg. Dies., 1–17. Berkshire: Open University Press.

Paul du Gay, Stuart Hall, Linda Janes, Hugh Mackay, und Keith Negus. 1997. *Doing cultural studies. The story of the Sony Walkman*. London u. a.: Sage.

Fiske, John. 1989. *Understanding popular culture*. Boston u. a.: Unwin Hyman.

Großmann, Nina. 2007. Häusliches Medienhandeln der ‚Generation @‘ – Junge Paare und ihr Umgang mit Internet und Fernsehen. In *MedienAlltag. Domestizierungsprozesse alter und neuer Medien*, Hrsg. Jutta Röser, 173–186. Wiesbaden: VS.

Hartmann, Maren. 2006. The triple articulation of ICTs. Media as technological objects, symbolic environment and individual texts. In *Domestication of media and technology*, Hrsg. Thomas Berker, Maren Hartmann, Yves Punie, und Katie J. Ward, 80–102. Berkshire: Open University Press.

Hartmann, Maren. 2009. Roger Silverstone: Medienobjekte und Domestizierung. In *Schlüsselwerke der Cultural Studies*, Hrsg. Andreas Hepp, Friedrich Krotz, und Tanja Thomas, 304–315. Wiesbaden: VS.

Höflich, Joachim R., und Maren Hartmann. 2007. Grenzverschiebungen – Mobile Kommunikation im Spannungsfeld von öffentlichen und privaten Sphären. In *MedienAlltag. Domestizierungsprozesse alter und neuer Medien*, Hrsg. Jutta Röser, 211–221. Wiesbaden: VS.

Krotz, Friedrich. 2007. *Mediatisierung: Fallstudien zum Wandel von Kommunikation.* Wiesbaden: VS.

Krotz, Friedrich. 2009. Stuart Hall: Encoding/Decoding und Identität. In *Schlüsselwerke der Cultural Studies,* Hrsg. Andreas Hepp, Friedrich Krotz, und Tanja Thomas, 210–223. Wiesbaden: VS.

Krotz, Friedrich, und Tanja Thomas. 2007. Domestizierung, Alltag, Mediatisierung. Ein Ansatz zu einer theoriegerichteten Verständigung. In *MedienAlltag. Domestizierungsprozesse alter und neuer Medien,* Hrsg. Jutta Röser, 31–42. Wiesbaden: VS.

Livingstone, Sonia. 1992. The meaning of domestic technologies: A personal construct analysis of familial gender relations. In *Consuming technologies. Media and information in domestic spaces,* Hrsg. Roger Silverstone und Eric Hirsch, 113–130. London: Routledge.

Livingstone, Sonia. 2007. On the material and the symbolic: Silverstone's double articulation of research traditions in new media studies. *New Media & Society* 9 (1): 16–24.

Mikos, Lothar. 2009. John Fiske: Populäre Texte und Diskurs. In *Schlüsselwerke der Cultural Studies,* Hrsg. Andreas Hepp, Friedrich Krotz, und Tanja Thomas, 156–164. Wiesbaden: VS.

Moores, Shaun. 1993. *Interpreting audiences. The ethnography of media consumption.* London u. a.: Sage.

Moores, Shaun. 2007. Early Radio. Die Domestizierung einer neuen Medientechnologie in Großbritannien. In *MedienAlltag. Domestizierungsprozesse alter und neuer Medien,* Hrsg. Jutta Röser, 117–128. Wiesbaden: VS.

Morley, David. 1986. *Family television. Cultural power and domestic leisure.* London: Routledge.

Morley, David. 1992. *Television, audiences and cultural studies.* London: Routledge.

Morley, David. 1999a. Bemerkungen zur Ethnographie des Fernsehpublikums. In *Cultural Studies. Grundlagentexte zur Einführung,* Hrsg. Roger Bromley, Udo Göttlich, und Carsten Winter, 281–316. Lüneburg: zu Klampen.

Morley, David. 1999b. Wo das Globale auf das Lokale trifft. Zur Politik des Alltags. In *Widerspenstige Kulturen. Cultural Studies als Herausforderung,* Hrsg. Karl H. Hörning und Rainer Winter, 442–475. Frankfurt/Main: Suhrkamp.

Morley, David. 2000. *Home territories. Media, mobility and identity.* London: Routledge.

Morley, David. 2007. *Media, modernity and technology. The geography of the new.* London: Routledge.

Morley, David, und Roger Silverstone. 1990. Domestic Communication: Technologies and Meanings. *Media Culture & Society* 12 (1): 31–55.

Müller, Kathrin Friederike. 2010. Das Besondere im Alltäglichen. Frauenzeitschriftenrezeption zwischen Gebrauch und Genuss. In *Alltag in den Medien – Medien im Alltag,* Hrsg. Jutta Röser, Tanja Thomas, und Corinna Peil, 171–187. Wiesbaden: VS.

O'Sullivan, Tim. 2007 [1991]. Television Memories and Cultures of Viewing – Domestizierungsprozesse in Großbritannien 1950–1965. In *MedienAlltag. Domestizierungsprozesse alter und neuer Medien,* Hrsg. Jutta Röser, 71–87. Wiesbaden: VS.

Peil, Corinna, und Jutta Röser. 2014. The meaning of home in the context of digitization, mobilization and mediatization. In *Mediatized worlds: Culture and society in a media age,* Hrsg. Andreas Hepp und Friedrich Krotz. London: Palgrave im Druck.

Röser, Jutta. 2005. Das Zuhause als Ort der Aneignung digitaler Medien: Domestizierungsprozesse und ihre Folgen. *merz Wissenschaft* 49 (5): 86–96.

Röser, Jutta. 2007a. Der Domestizierungsansatz und seine Potenziale zur Analyse alltäglichen Medienhandelns. In *MedienAlltag. Domestizierungsprozesse alter und neuer Medien*, Hrsg. Jutta Röser, 15–30. Wiesbaden: VS.

Röser, Jutta. 2007b. Wenn das Internet das Zuhause erobert: Dimensionen der Veränderung aus ethnografischer Perspektive. In *MedienAlltag. Domestizierungsprozesse alter und neuer Medien*, Hrsg. Jutta Röser, 157–171. Wiesbaden: VS.

Röser, Jutta. 2007c. Medialisierter Beziehungsalltag – Wie im Medienhandeln Gemeinschaft und Rückzug gestaltet werden. In *Beziehungskulturen*, Hrsg. Werner Faulstich, 130–139. München: Fink.

Röser, Jutta. 2009. David Morley: Aneignung, Ethnografie und die Politik des Wohnzimmers. In *Schlüsselwerke der Cultural Studies*, Hrsg. Andreas Hepp, Friedrich Krotz, und Tanja Thomas, 277–289. Wiesbaden: VS.

Röser, Jutta, und Nina Großmann. 2008. Alltag mit Internet und Fernsehen: Fallstudien zum Medienhandeln junger Paare. In *Medienkultur und soziales Handeln*, Hrsg. Tanja Thomas, 91–104. Wiesbaden: VS.

Röser, Jutta, und Claudia Kroll. 1995. *Was Frauen und Männer vor dem Bildschirm erleben: Rezeption von Sexismus und Gewalt im Fernsehen (Studie im Auftrag des Ministeriums für die Gleichstellung von Frau und Mann Nordrhein-Westfalen)*. Düsseldorf: Bonner Universitäts-Buchdruckerei.

Röser, Jutta, und Corinna Peil. 2010. Diffusion und Teilhabe durch Domestizierung. Zugänge zum Internet im Wandel 1997–2007. *M & K Medien und Kommunikationswissenschaft* 58 (4): 481–502.

Röser, Jutta, und Corinna Peil. 2012. Das Zuhause als mediatisierte Welt im Wandel. Fallstudien und Befunde zur Domestizierung des Internets als Mediatisierungsprozess. In *Mediatisierte Welten. Beschreibungsansätze und Forschungsfelder*, Hrsg. Friedrich Krotz und Andreas Hepp, 137–163. Wiesbaden: VS.

Röser, Jutta, Tanja Thomas, und Corinna Peil. 2010. Den Alltag auffällig machen. Impulse für die Medienkommunikationsforschung. In *Alltag in den Medien – Medien im Alltag*, Hrsg. Jutta Röser, Tanja Thomas, und Corinna Peil, 7–21. Wiesbaden: VS

Silverstone, Roger. 2006. Domesticating domestication. Reflections on the life of a concept. In *Domestication of media and technology*, Hrsg. Thomas Berker, Maren Hartmann, Yves Punie, und Katie J. Ward, 229–248. Berkshire: Open University Press.

Silverstone, Roger, und Leslie Haddon. 1996. Design and the domestication of information and communication technologies. Technical change and everyday life. In *Communication by design. The politics of information and communication technologies*, Hrsg. Roger Silverstone und Robin Mansell, 44–74. Oxford: Oxford University Press.

Silverstone, Roger, und Eric Hirsch, Hrsg. 1992. *Consuming technologies. Media and Information in domestic spaces*. London: Routledge.

Silverstone, Roger, Eric Hirsch, und David Morley. 1992. Information and communication technologies and the moral economy of the household. In *Consuming technologies. Media and information in domestic spaces*, Hrsg. Roger Silverstone und Eric Hirsch, 15–31. London: Routledge.

Veerle van Rompaey, und Keith Roe. 2001. The home as a multimedia environment: Families' conception of space and the introduction of information and communication technologies in the home. *Communications* 26 (4): 351–370.

Winter, Rainer. 2001. *Die Kunst des Eigensinns. Cultural Studies als Kritik der Macht*. Weilerswist: Velbrück.